BEI GRIN MACHT SICH IHR WISSEN BEZAHLT

- Wir veröffentlichen Ihre Hausarbeit,
  Bachelor- und Masterarbeit

- Ihr eigenes eBook und Buch -
  weltweit in allen wichtigen Shops

- Verdienen Sie an jedem Verkauf

Jetzt bei www.GRIN.com hochladen
und kostenlos publizieren

Bibliografische Information der Deutschen Nationalbibliothek:

Die Deutsche Bibliothek verzeichnet diese Publikation in der Deutschen National-
bibliografie; detaillierte bibliografische Daten sind im Internet über http://dnb.d-
nb.de/ abrufbar.

Impressum:

Copyright © 2008 GRIN Verlag, Open Publishing GmbH
Druck und Bindung: Books on Demand GmbH, Norderstedt Germany
ISBN: 9783668347762

Dieses Buch bei GRIN:

http://www.grin.com/de/e-book/344847/das-18-jahrhundert-eine-zusammenfassung

Markus Schüßler

Das 18. Jahrhundert. Eine Zusammenfassung

GRIN Verlag

GRIN - Your knowledge has value

Der GRIN Verlag publiziert seit 1998 wissenschaftliche Arbeiten von Studenten, Hochschullehrern und anderen Akademikern als eBook und gedrucktes Buch. Die Verlagswebsite www.grin.com ist die ideale Plattform zur Veröffentlichung von Hausarbeiten, Abschlussarbeiten, wissenschaftlichen Aufsätzen, Dissertationen und Fachbüchern.

Besuchen Sie uns im Internet:

http://www.grin.com/

http://www.facebook.com/grincom

http://www.twitter.com/grin_com

Inhaltsverzeichnis

<u>Allgemein:</u>

- Pentarchie, Kontrolle der fünf stärksten Mächte des Kontinents. Kein geschlossenes System und der Pluralismus sollte aufrecht erhalten bleiben. Stärke war Voraussetzung für Zugehörigkeit, militärische Stärke und Ordnungsfunktion in einer Region.
- Balance of Power, Gleichgewicht. Es gab im 18. Jahrhundert ganz unterschiedliche Auffassungen über den Zweck einer Gleichgewichtspolitik. Die Wahrung des Friedens der die Auffassung gegenüber stand, dass ohne Krieg das Gleichgewicht nicht aufrechtzuerhalten sei.
- Das Gleichgewicht in Europa sicherte die britische See- und Überseedominaz.
- Permanente diplomatische Vertretungen in anderen Staaten waren selten, meist da die Kassen knapp waren. Wien etwa hatte nur im Osmanischen Reich, Venedig und der Schweiz eine ständige Vertretung. Erst mit dem ausgehenden 17. Jahrhundert begann Wien die Präsenz zu erhöhen.
- Frankreich hatte den am weitesten verzweigten diplomatischen Dienst und gab den Anstoß zu der Erweiterung dieses Dienstes in anderen Ländern.
- Kriegsunternehmer waren aus dem Heerwesen verschwunden, ein (staatliches) Heer wurde geradezu zu einem Wesensmerkmal des Souveränen Staates.
- Ein Großteil der Friedensschlüsse im 18. Jahrhundert waren Erschöpfungsfrieden.
- Die Staaten waren noch nicht saturiert, sie waren noch „hungrig", insbesondere Russland und Preußen.
- Ein Primärziel Österreichs war die Anerkennung der Pragmatischen Sanktion, nach der auch die weibliche Nachkommenschaft des Kaisers thronberechtigt sein sollte. 1738 hatten alle europäischen Staaten ihre Anerkennung und Garantie der Pragmatischen Sanktion gegeben. In Wien glaubte man daher, dass die österreichische Erbfolgeordnung unumstritten und die Integrität des Staates gesichert sei.
- Britisch-französische Rivalität.
- Spanien und der Kaiser waren mit der Utrechter Friedensordnung nicht zufrieden.

<u>Die Mächte der Pentarchie:</u>

- **Großbritannien** England seit 1707 in Personalunion mit Schottland.
- Großbritannien hatte kein großes stehendes Heer, sparte dadurch aber auch die Kosten für ein solches.

- An der maritimen Überlegenheit Großbritanniens konnte im 18.Jahrhundert nicht gezweifelt werden. (was nicht bedeutet, dass sie nicht angefochten wurde besonders durch Spanien und Frankreich).
- Durch den Frieden von Utrecht waren wichtige Stützpunkte (Gibralta, Menorca) in britische hand gelangt. Der Zugang zu den Märkten außerhalb Europas war erstritten worden.
- Dynastiewechsel in England Haus Hannover (Welfen) kommen mit Georg I. 1714 auf den englischen Thron.
- Der Jakobitismus war eine Bürde der englischen Politik. Jakobiner waren die Anhänger des im Exil lebenden Jakob II. von England. Jakob war in der Glorious Revolution vertrieben worden. Der Parlamentarismus hatte gesiegt.
- Eine weitere Belastung der britischen Außenpolitik war die Personalunion mit Hannover. Gewiss hatte die Personalunion auch Vorteile, etwa Einfluss im Ostseeraum oder kontinentales Standbein, aber es warfen sich auch Probleme auf. Besonders wichtig war, dass Großbritannien eines Partners bedurfte, der Hannover schützen konnte. Hannover war eine Art Achillesferse der britischen Europapolitik.

- **Österreich** nach der Abwehr der Türkengefahr 1683 konnte Wien auf dem Balkan in die Offensive gehen. Im Frieden von Karlowitz 1699 mit der Pforte konnten große Gebietsgewinne (Siebenbürgen, Teile Ungarns und Slawoniens) erzielt werden.
- Ein Prestigegewinn war die Anerkennung des Erbrechtes durch die ungarischen Stände.
- Dennoch war Österreich im Grunde ein armer Staat. Besonders in Kriegszeiten konnte sich der Staat nur durch Auslandsanleihen (vor allem bei England und den Generalstaaten) oder Anleihen bei jüdischen Hoffaktoren über Wasser halten.
- Dieser schwierigen finanziellen Lage stand eine ambitionierte Außen- und Kulturpolitik gegenüber.
- Österreichische Heer etwa 120.000 Mann.
- Kaunitz hatte die Außenpolitik reformiert, behördenmäßig organisiert, so dass sie im ausgehenden 18. Jahrhundert kaum einen Vergleich scheuen musste.
- Bis zum Renversement des alliances 1756 war die Wiener Außenpolitik vom Gegensatz zu Frankreich geprägt. Bis dahin hatte Österreich auf die Seemächte als Verbündete gesetzt (seit der Großen Allianz).
- Eine weitere Alternative war das Bündnis mit Russland, welches ebenfalls ab der zweiten Hälfte des 18. Jahrhunderts in Betracht kam und schließlich zu einer Konstante wurde.

- Die Bemühungen die Thronfolge zu sichern machte die österreichische Außenpolitik seit den 1720er Jahren labil und erpressbar. Die Pragmatische Sanktion erreichte ihr Hauptziel erst nach einem neuerlichen Erbfolgekrieg und dem Verlust Schlesiens
- Der Dualismus mit Preußen wurde dann nach 1748 zur zweiten Konstante der österreichischen Außenpolitik.
- Der österreichisch-preußische Antagonismus führte aber zu einem Zwiespalt zwischen Großmachtpolitik und der Verantwortung gegenüber dem Reich. In Wien wurde immer wieder mit dem Gedanken gespielt das Reich sich selbst zu überlassen.
- Kaiser war Karl VI.

- **Frankreich** zu Beginn des 18. Jahrhunderts stand Frankreich was das Ansehen und die militärische Macht angeht an der Spitze Europas.
- Die Grenzen galten als sicher, da Festungen sie schützten und die Form des Hexagons erreicht wurde.
- Die Zuwachsraten des französischen Außenhandels konnten mit den englischen mithalten, doch war der Staatshaushalt dennoch defizitär.
- Der Staatsbankrott wurde letztlich nur durch die Revolution verhindert.
- Die Spitzenstellung Frankreichs war zum Teil durch die entschlossenen Außenpolitik erreicht worden. Der Conseil d'en haut betrieb die Außen- und Militärpolitik. In ihm war besonders der Adel der Robe vertreten. Gute Bürokratie.
- Das französische Heer bestand aus etwa 160.000 Söldnern, deren Zahl im Kriegsfall deutlich erhöht werden konnte.
- Der Siebenjährige Krieg bewies, dass Frankreich in Übersee nicht mehr mithalten konnte. Auch in der Europapolitik waren engere Grenzen gesetzt, da die traditionellen Partner entweder im russischen Fahrwasser segelten (Preußen, Schweden) oder drastisch an Macht verloren hatten (Osmanische Reich). Im Reich ließ sich nur noch bedingt Politik machen, da der gemeinsame Nenner, die Gegnerschaft zum Haus Habsburg nicht mehr vorhanden war.
- Versailles bereitete sich auf eine Revanche an Großbritannien vor, die im Amerikanischen Unabhängigkeitskrieg (1775-83) aber nur bedingt gelang. Die französischen Finanzen lagen nach diesem Krieg am Boden.

- **Russland** nahm im 18. Jahrhundert einen rasanten demographischen Aufschwung.
- Peter I. 1682-1725? Unter seiner Herrschaft trat eine Orientierung nach Westen ein, die zahlreiche Reformen beinhaltete.

- Die russische Wirtschaft erlebte durch den Nordischen Krieg einen Aufschwung.
- Russland wollte die Drehscheibe des Handels zwischen Europa und Asien sein. Die Kriege gegen Schweden, mit dem Ziel des Ostseezugangs, resultierten daraus. Auch der Schwarzmeerzugang sollte erkämpft werden.
- Große Gewinne blieben jedoch aus und so war der russische Staatshaushalt besonders in Zeiten des Krieges defizitär.
- Russlands Heer belief sich zur Zeit des Siebenjährigen Krieges auf über 300.000 Mann. Auch die Flotte wurde massiv ausgebaut (besonders unter Katharinas II. Herrschaft). Russland befand sich damit auf dem Weg zur Seemacht. Militärmonarchie.
- Seit den 1720er Jahren wurde überraschenderweise nicht Großbritannien, sondern Frankreich zum Hauptkontrahenten Russlands. Russland blickte daher nach Berlin und Wien.
- Die äußerliche Anerkennung Russlands als Pentarchiemacht war ein zäher Prozeß.
- Mit der Eroberung der Krim hatte Russland 1783 ein wichtiges geostrategisches Ziel erreicht. Für die anderen Großmächte warf sich nun immer deutlicher das Problem der Eindämmung der russischen Expansion auf.
- Russland war rein geographisch schon zu einer Weltmacht geworden, deren Einfluß bis zum Pazifik reichte. Bereits seit Anfang des 18.Jahrhunderts befand sich die Halbinsel Kamtschatka in russischen Besitz.

- **Preußen** war der Aufsteiger des 18. Jahrhunderts.
- 1701 wurden die Hohenzoller Könige in Preußen. Diese Begrifflichkeit setzte sich rasch für die Gesamtheit der brandenburgischen Territorien durch.
- Preußen verfügte über sehr begrenzte Ressourcen und war daher immer eine Großmacht auf tönernen Füßen.
- Das preußische Heer war im Vergleich zu seiner Bevölkerung enorm. Es rangierte zahlenmäßig auf dem 3. oder 4. Platz in Europa (160.000 Mann und mehr).
- Preußen verfügte über einen Staats(/Kriegsschatz). Die Eroberung Schlesiens brachte Geld, denn Schlesien war reich. Aber zwei drittel des Staatshaushaltes flossen ins Militär.
- Preußen verfügte zunächst über keine eigene Rüstungsindustrie, sondern lediglich über kleinere Manufakturen. Auch für Rüstungszwecke benötigte Rohstoffe (etwa Eisen, Blei oder Schwefel) wurden in Preußen nicht abgebaut. Daher war es von Importen abhängig.
- Preußen verfügte über keine Flotte.

- Der diplomatische Dienst war, schon aus finanziellen Gründen, nicht mit dem der anderen Großmächte vergleichbar.
- Das schlesische Abenteuer, ohne echte Legitimation, machte Preußen zu einem gesuchten Bündnispartner der Großmächte, stellte den König aber andererseits im Reich ins moralische Abseits.
- In Europa glaubte man, dass Preußen mit dem Tod Friedrich des Großen seinen Großmachtstatus verlieren würde. Hier liegt der Grund für die mächtepolitische Isolierung Preußens in den 1780er Jahren.
- Preußen konterte Geschickt mit der Gründung des Fürstenbundes.
- Der zweite Faktor für Preußens Aufstieg war seine geostrategische Lage (an der Flanke Polens)
- Preußen sah das russische Bündnis lange als essentiell an, zu dem es keine Alternative gab.
- Russland und auch Großbritannien blieben die potentiellen Verbündeten gegen Österreich, welches die Entscheidung in Bezug auf Schlesien revidieren wollte. Der preußisch-österreichische Dualismus wurde zu dem Strukturelement im Reich und auch auf internationaler Ebene eine Konstante.

Die Absteiger:

- **Spaniens** riesige Besitzungen in Übersee verdeckten den Abstieg dieser Großmacht lange Zeit. Öffentliche Meinung und tatsächlicher Niedergang klafften im Fall Spaniens besonders weit auseinander.
- Spaniens Haushaltsdefizit kann im Ancien Regime als chronisch bezeichnet werden.
- Seine Positionen in Übersee konnte Spanien nur dank seiner dynastischen Vernetzung mit Frankreich behaupten. Spanien flüchtete sich oft in eine ohnmächtige Neutralitätspolitik oder schwenkte auf den Kurs der bourbonischen Union ein. Spanien wurde zu einem Beiboot, welches im französischen Schlepptau befindet. Sein neues Feindbild Großbritannien bezog es daher aus Solidarität.
- Spaniens Engagement wurde durch seine überseeischen Interessen dominiert. Es war eine Status-quo- orientierte Politik.
- Spanien war in den Kolonien in die Defensive geraten. Besonders durch Großbritannien (aber auch Portugal in Brasilien).
- Die Tatsache, dass Spanien sich in Übersee im wesentlichen halten konnte war dem Faktum geschuldet, dass die Briten eine spanische Nachbarschaft der französischen Vorzogen.

- Besonders die Schwäche seiner Herrscher erklärt, warum Spanien trotz guter Rahmenbedingungen keine starke Außenpolitik betreiben konnte. Die spanischen Bourbonen waren alle keine brillanten Herrschergestalten.

- **Schweden** wurde vielleicht (These) nur deshalb zur Großmacht, weil seine Nachbarn schwach waren. In dem Moment, als die unmittelbaren Nachbarn an militärisch-politischer Potenz gewannen, verlor Schweden den Großmachtstatus.

- Die schwedische Großmachtära endete spätestens 1719/21. Es dauerte freilich, bis Schweden sich mit diesem Abstieg abfand.

- 1721 stand Schweden vor dem Staatsbankrott, der Verlust der transbaltischen Besitzungen hatte das Land schwer getroffen (die Kroneinkünfte wurden halbiert!).

- Schweden wurde nach 1720 von Russland außengesteuert, bis Gustav III. 1772 der monarchische Staatsstreich gelang.

- **Niederlande** hatten eine Bevölkerung von etwa 2 Millionen Menschen. Der Kommerz hatte die Großmachtstellung der Niederlande im 17. jahrhundert ermöglicht.

- Auch im 18.Jahrhundert waren die Niederlande eine bedeutende Wirtschaftsmacht, die jedoch einen politischen und wirtschaftlichen Abschwung erlebte. An der Expansion des Welthandels waren die Niederlande nicht mehr beteiligt, hier waren Frankreich und Großbritannien die Nutznießer.

- Wichtige Stützpunkte gingen an die Briten verloren. (Im wesentlichen blieb das Kolonialimperium allerdings erhalten).

- Die Niederländer flüchteten sich in die Neutralität seit der Mitte des 18.Jahrhunderts. Vorher waren sie mit England verbündet während der Herrschaft Ludwigs XIV. (Seemächte).

- Im 18. Jahrhundert hatten die Niederlande militärisch nur noch den Status einer Mittelmacht.

- **Polen** musste hinnehmen, dass die Hohenzoller Preußen der polnischen Lehenshoheit entwanden.

- Ab 1717 wurde Polen zu einem russischen Satelliten. Russische Truppen konnten ungehindert das Land durchqueren, die polnische Truppenstärke wurde begrenzt (auf 24.000 Mann).

<u>Schwellenmächte:</u>

- Das **Osmanische Reich** war einem Machtverfall ausgesetzt, was nicht zuletzt das osmanische Heer betraf.
- Bereits seit dem 17.Jahrhundert nahm die Schlagkraft des Heeres ab, was besonders wirtschaftliche Ursachen hatte, aber auch mit der mangelnden Qualität der Führungskräfte zusammenhing.
- Die Osmanen waren besonders bemüht dem russischen Ausgreifen nach Süden Richtung Schwarzes Meer zu verhindern.

- **Savoyen**s neue Rangerhöhung (Königskrone) wurde in Europa sofort anerkannt.
- Bedeutende geostrategische Lage, daher gesuchter Bündnispartner.

<u>Spanischer Erbfolgekrieg 1701-1714:</u>

- Der Spanische Erbfolgekrieg (1701-1714): Keine Macht, die in Rijswijk Frieden schloß, wollte einen weiteren Krieg. Der zu erwartende Tod des letzten Habsburgers konnte aber jeden Tag zu einer neuen Krise führen. Leopold I. und Ludwig XIV. erhoben Ansprüche auf das Erbe. Die Spanier wollten vor allem die ganze Monarchie zusammenhalten. Eine Möglichkeit hierfür sahen sie in der Übertragung des Erbes auf einen dritten Joseph Ferdinand, den bayrischen Kurprinzen. Die Seemächte dagegen wollten, ihren Wirtschaftsinteressen entsprechend, eine Teilung des Reiches.
- Ludwigs letzter Krieg kam ungeachtet Ludwigs Versuchen ihn zu vermeiden zustande. Nach dem Pfälzischen Erbfolgekrieg wollte der geläuterte König eigentlich Kriege vermeiden. Der Tod des kinderlosen Karls II. wurde erwartet und 3 Kandidaten kamen für das Erbe infrage: Der Dauphin, Kaiser Leopold I. ließ seinen 2. Sohn Erzherzog Karl antreten, der 1.Sohn Joseph sollte Kaiser werden; der dritte Kandidat versprach eine Lösung ohne Krieg: Joseph Ferdinand, der Sohn des Kurfürsten von Bayern. Dieser sollte Spanien, die Spanischen Niederlande und die Kolonien erhalten, während der Dauphin Neapel, Sizilien und einige Festungen erhalten sollte. Der Erzherzog schließlich sollte Mailand bekommen. / Frankreich und die Seemächte einigten sich 1698 darauf, dass Joseph Ferdinand Spanien, die Kolonien und die Niederlande erhalten solle. Der Kaiser sollte Mailand, der Dauphin Neapel, Sizilien und Sardinien erhalten. Diese Vereinbarung beantwortete man in Madrdid mit der Proklamation des Bayern zum Universalerben. Doch wurden diese Pläne durch den Tod des Wittelsbachers zunichte gemacht. England, die Niederlande und Frankreich trafen

8

nun einen zweiten Teilungsvertrag, wonach Spanien und die Niederlande dem zweiten Sohn des Kaisers, Erzherzog Karl, zukommen sollte. Der spanische Besitz in Italien sollte dem Dauphin zuteil werden. Der Wiener Hof verwarf auch diese Lösung in der Hoffnung in Madrid werde der gesamte Besitz dem Erzherzog zuerkannt. Die Wiener Hoffnungen wurden jedoch enttäuscht. Karl II. hinterließ in seinem Testament das Gesamtreich dem zweiten Sohn des Dauphins, Philipp von Anjou. Als in Paris die Nachricht von dem Testament eintraf, entschloß Ludwig sich, von dem Teilungsvertrag zurückzutreten und seinen Enkel als Philipp V. zum König von Spanien zu proklamieren. Österreichische Truppen drangen in Oberitalien ein. Die Seemächte waren verstimmt, da die niederländischen Barriereansprüche nicht geachtet wurden, ihre Wirtschaftsinteressen gefährdet waren und das Erbrecht für den neuen spanischen König auf Frankreich gewahrt blieb. In der Haager Allianz schlossen sich der Kaiser und die Seemächte 1701 zusammen. Der Rechtsstandpunkt des Habsburgers wurde dabei nicht voll anerkannt, aber er sollte · entschädigt werden. Auch das Reich trat wieder in den Kampf gegen Ludwig ein. Diesem war es aber immerhin gelungen die beiden Wittelsbacher von Köln und Bayern auf seine Seite zu ziehen.

- Der Tod des Bayern (1699) machte diesen Plan jedoch zunichte. Dennoch wollte Ludwig eine friedliche Lösung. Er einigte sich mit William III. darauf, dass der Erzherzog das Erbe erhalten sollte, Frankreich aber das zuvor versprochene plus Mailand.

- Keines dieser Arrangements entsprach den Wünschen Karls II., welcher eine Teilung verhindern wollte. Im Sterbebett (1700) diktierte er ein Testament zugunsten Frankreichs, nämlich Philips von Anjou, dem 2. Sohn des Dauphin. Frankreich traute er eine Verteidigung des Gesamtreiches zu. Karl wollte nicht, dass Frankreich und Spanien vereinigt würden. Daher bot er die Krone keinem Prinzen aus der direkten Erblinie an. Der Dauphin und sein ältester Sohn wurden übergangen. Sollte Philip ablehnen, so sollte die Krone seinem jüngeren Bruder (dem Duke of Berry) angeboten werden. Wenn beide ablehnen, so sollte die Krone Erzherzog Karl angeboten werden.

- Ludwig hatte eine Entscheidung zu treffen. Den Vertrag von 1699 akzeptieren hieße Frieden mit William III. (England), aber wahrscheinlich Krieg mit Österreich, wenn Karl alles verlangte. Dann hätte der Kaiser Spanien als Verbündeten. Die Alternative wäre Karls II. Testament anzunehmen, Spanien als Alliierten zu gewinnen und den spanischen Besitz für die Bourbonen zu sichern. Die letzte Alternative schien Ludwig die bessere. Der Krieg mit Habsburg war damit sicher. Ludwig wurde von Stolz angetrieben und leistete dem Krieg, den er eigentlich verhindern wollte Vorschub.

- Ludwig erklärte nun Philips Recht den Thron von Frankreich zu erben, obwohl sein Vater und sein älterer Bruder in der Erbfolge vor ihm standen. William III. verärgerte er, indem er (spanische?) Grenzfestungen mit französischen Truppen bemannen ließ, um sie für Philip zu sichern. Doch es reichte nicht die Niederländer zu bedrohen, er ließ auch noch Engländer ausweisen (alienate). Auch erkannte er James II. als rechtmäßigen König von England an, als dessen Vater starb. Sein starker Glaube an sein göttliches Recht erkläre dies, so Lynn.
- Der Zeitpunkt war jedenfalls schlecht gewählt. Wieder einmal erschien Ludwig als gefährlicher Tyrann. William III. reagierte, indem er eine neue Koalition gegen Ludwig schuf. „Ludwigs ersten (beiden) Kriege waren ein Produkt der Aggression mit dem Ziel Ruhm/gloire zu erlangen" Seine letzten beiden Kriege waren so nicht gewollt, doch tat er nicht genug um sie zu verhindern. „Ludwig trägt die Verantwortung für den Ausbruch von jedem dieser Kriege, auch wenn sie nicht die Konflikte wurden, die er sich vorgestellt hatte."
- Ludwig wollte einen Krieg um die spanische Erbfolge vermeiden, doch Karls II. Testament ließ ihm wenig Spielraum. Seine Schuld liegt nicht in der Annahme des Testamentes, sondern in seinen herrischen (imperious) Aktionen nach der Annahme. Der Kampf begann in Italien im Sommer 1701, wo Prinz Eugen eine französische Armee besiegte. Die Kämpfe zeigten, das die Zeit der (nahezu) Unbesiegbarkeit der französischen Armee vorüber war. William III schuf im September 1701 eine neue Allianz zwischen den England, den Niederlanden und dem Kaiser. Im März 1702 starb William und das Kommando über die englischen Streitkräfte ging an den fähigen Herzog von Malborough über. Wieder einmal war Flandern der wichtigste Schauplatz des Krieges. Mehr als in den anderen Kriegen war Frankreich gezwungen defensiv vorzugehen. Die Franzosen errichteten zahlreiche Verteidigungslinien in den Spanischen Niederlanden um Malborough aufzuhalten. Bayern kämpfte auf der Seite Frankreichs und konnte Anfangserfolge verbuchen. Am Rhein gelang es den Franzosen Breisach zu nehmen.
- Philipp V. zog schon am 18. Februar 1701 in Madrid ein. Anfangs erhob nur Kaiser Leopold hiergegen Protest und traf Vorbereitungen zum Beginn des Kriegs in Italien. Die Lage spitzte sich jedoch zu, nachdem französische Truppen die Besatzungen der Generalstaaten aus den ihnen vertraglich gesicherten Grenzfestungen im Süden der spanischen Niederlande (Barrière) vertrieben hatten.
- Diplomatisch ungleich folgenreicher war jedoch der Umstand, dass Ludwig XIV. nach dem Tode des ehemaligen englischen Königs Jakob II. dessen Sohn aus zweiter Ehe als König

10

Jakob III. von England anerkannte. Damit war die Konfrontation zwischen England und Frankreich unausweichlich.

- 1701 kam es auf Betreiben Englands zur (Haager) Großen Allianz.

- Der Spanische Erbfolgekrieg war auch eine der ersten Auseinandersetzungen, die zu gezielten kriegerischen Aktionen in den Kolonialgebieten der jeweiligen Mächte führte.

- Im Languedoc kam es 1702 zu einem Aufstand der Hugenotten. Ludwigs Strategie im Reich beschränkte sich darauf Kontributionen einzutreiben.

- 1703 wechselte Savoyen die Fronten und kämpfte fortan gegen Frankreich. Portugal schloß sich im gleichen Jahr der Allianz an, wodurch der Krieg auch nach Spanien getragen wurde.

- Der Krieg begann gut für Ludwig, doch 1704-1706 änderte sich dies. Malborough und Eugen erzielten beträchtliche Erfolge. An der Donau bei Blenheim siegten die vereinten Truppen der beiden Heerführer gegen die französisch-bayrischen Truppen. Der französische Heerführer Tallard wurde gefangengenommen, Bayern besetzt. Seit Ludwig die Herrschaft angetreten hatte, musste er keine solche Niederlage hinnehmen. Malborough ging nun erneut nach Flandern und besiegte dort eine französische Armee unter Villeroi im Mai 1705. Zahlreiche Städte, darunter Brüssel, Ghent und Antwerpen konnten nach dem Sieg genommen werden. Der größte Teil Flanderns war nun unter Malboroughs Kontrolle. In Italien waren die Franzosen zunächst erfolgreich und belagerten die Hauptstadt Savoyens Turin (1706). Doch schloß ein Entsatzheer unter dem Prinzen Eugen die Belagerer ein. In der Schlacht von Turin wurde die französiche Streitmacht vernichtend geschlagen. Die Franzosen räumten daraufhin Norditalien. Im Vertrag von Mailand 1707 wurde Italien für den Rest des Krieges neutralisiert. / In Spanien konnte Philipp seine Position behaupten, doch Frankreich geriet nach einer erneuten Niederlage gegen Malborough bei Ramillies (1706), die die Eroberung des größten Teiles der spanischen Niederlande zur Folge hatte, in Bedrängnis.

- 1704 gelang es einer niederländisch-englischen Expedition Gibraltar zu erobern. 1705 fiel Barcelona. Philip V. musste Angriffe von zwei Fronten abwehren. Von Portugal, welches mit England verbündet war und vom Mittelmeer, in welchem die Alliierten die Vorherrschaft hatten. Den Verbündeten gelang es sogar Madrid zu nehmen, doch konnten sie die Stadt nicht halten und zogen sich bald wieder zurück. 1707 war ein besseres Jahr für die spanisch-französischen Truppen. Valencia und Saragossa waren wieder in französischer Hand. Am ende des Jahres hielt Philip V. den größten Teil Spaniens.

- 1708 ging nach der verlorenen Schlacht bei Oudenarde auch das restliche Flandern für Frankreich verloren. Mit der Eroberung Lilles (Oktober) stand den Alliierten nun der Weg nach Frankreich offen.
- 1709 herrschte in Frankreich Hungersnot. Ludwig bot Friedensverhandlungen an, doch scheiterten diese an den Maßlosen Bedingungen der Allianz. Der entscheidende Punkt, der zum Scheitern führte, war der wonach Ludwig sich verpflichten sollte seinen eigenen Enkel vorzugehen, falls dieser sich weigern sollte Spanien auszuliefern.
- Ludwig ernannte nun den tüchtigen Villars zum Kommandeur in Flandern. In der Schlacht von Malaquet, die er zwar verlor, brachte Villars den Alliierten Truppen schwere Verluste bei und es gelang ihm der geordnete Rückzug. Die Alliierten hatten einen Phyrussieg errungen.
- Die Kriegslage veränderte sich 1711. 1711 war Kaiser Joseph I gestorben. Erzherzog Karl wurde der neue Kaiser. Dies war für die Allianz problematisch. Bisher war Karl für den spanische Thron vorgesehen. Sollte an diesem Plan festgehalten werden, so entstünde eine neue Monarchie, welche das Gleichgewicht in Europa aufs äußerste gefährden würde. Dies führte zum auseinanderfallen der Allianz. England und verlangte, dass Frankreich Anne und die protestantische Thronfolge anerkennt und dass die Königreiche Frankreich und Spanien niemals vereinigt würden. Malborough wurde seines Kommandos enthoben. Im Juli 1712 unterzeichneten Briten und Franzosen einen Waffenstillstand. Ein grossteil der britischen Truppen bestand jedoch aus deutschen Söldnern, welche nun den Dienstherrn wechselten und für die Niederländer kämpften./ 1709 errangen Eugen und Malborough einen weiteren Sieg, der aber mit schweren Verlusten erkauft war und keine großen Vorteile brachte. Den Alliierten gelang es nicht den Krieg erfolgreich zu Beenden, weil ihre Interessen zu verschieden waren. Die entscheidende Wendung wurde von England herbeigeführt, wo Malborough gestürzt wurde. London und Paris verhandelten bereits geheim über Frieden, als 1711 plötzlich Kaiser Joseph I. starb. Er hinterließ nur Töchter und so fielen die habsburgischen Lande an seinen Bruder Karl, der bisher als spanischer König vorgesehen war und in Spanien gegen Philipp kämpfte. Dieses Ereignis beschleunigte den französisch-englischen Friedensschluß. In London war eine Vereinigung Österreichs mit Spanien ebenso wenig erstrebenswert wie eine Frankreichs mit Spanien.
- Der Vertrag von Utrecht beendete 1713 den Krieg zwischen Frankreich, Großbritannien, den Niederlanden, Savoyen, Portugal und Brandenburg-Preußen. Allein Habsburg verblieb als Kriegsgegner.

- Am 7.März 1714 beendete der Friede von Rastatt den Krieg. Durch die Verträge von Utrecht und Rastatt wurde Philip V. als König von Spanien anerkannt. Spanien und Frankreich durften niemals vereinigt werden. England erhielt Gibraltar, Acadia, Hudson Bay und Neu Fundland. Die spanischen Niederlande, Mailand, Neapel und Sardinien gingen an Österreich. Savoyen erhielt Sizilien.
- Den Friede von Utrecht unterzeichneten 1713 Frankreich mit den Seemächten, Savoyen, Portugal und Preußen.
- Spanien mit seinen Kolonien wurde Philipp V. zugesprochen, während Habsburg mit Mailand, Neapel und Sardinien entschädigt werden sollte. Savoyen sollte Sizilien erhalten. England erhielt Handelsvorteile und Gibraltar.
- Der Kaiser entschloß sich den Krieg fortzusetzen. Es zeichnete sich jedoch ab, dass das erschöpfte Reich den Krieg nicht gewinnen konnte und so kam es in Rastatt (1713) zu Verhandlungen zwischen dem französischen Feldherrn Villar und Prinz Eugen. Eugen erreichte eine Verbesserung der bisherigen Vereinbarung, indem er erreichte, dass die spanischen Niederlande dem Kaiser zugesprochen wurden.
- Im März 1714 schloßen der Kaiser und Frankreich schließlich Frieden.
- Frankreich ging aus diesem Krieg zwar nicht besiegt, aber doch stark geschwächt heraus. Der eigentliche Sieger war England, welches den Frieden im Grunde auch den eigenen Verbündeten diktiert hatte.
- Für Frankreich war eines der wichtigsten außenpolitischen Ziele erreicht, die endgültige Zerschlagung der habsburgischen Einkreisung, die seit dem 16. Jahrhundert auf der französischen Tagesordnung gestanden hatte.
- Nun war eine Annäherung Frankreichs an Österreich möglich geworden.
- Die **Generalstaaten**, deren seit Jahrzehnten immer wieder erhobene Forderungen nach einem dauerhaften Besatzungsrecht in den Barrierefestungen zwar erfüllt wurden, gehörten dennoch zu den Verlierern des Konflikts: Der seit etwa 1680 einsetzende Bedeutungsverlust von Amsterdam als führender Handelsmetropole Europas zugunsten von London hatte sich beschleunigt und die innere Schwäche insbesondere des Statthaltersystems wurde immer offenkundiger.
- Das Haus **Savoyen** war einer der großen und auf Dauer auch erfolgreichsten Nutznießer der europäischen Umwälzungen. Es gelang dem Herzog nicht nur, die Rangerhöhung zum König von Sizilien, später von Sardinien, zu erreichen. Er schaffte es auch, die jahrzehntelange Bedrohung der staatlichen Existenz durch Frankreich abschließend zu beseitigen.

- Das Gleichgewichtsprinzip setzte sich durch. Keine der europäischen Großmächte konnte in den nächsten Jahrzehnten eine Hegemonie über Europa erlangen.
- Schweden und die Generalstaaten schieden aus dem Konzert der Mächte aus.
- Der Spanische Erbfolgekrieg entsprach insgesamt einer Patt-Situation ohne großen Sieger. Besonders Wien und Madrid waren unzufrieden.

Der Nordische Krieg 1700-1721 und der Aufstieg Russlands:

- Russlands Öffnung zum Westen war die persönliche Leistung Zar Peters I. Für Russland trat neben dem antitürkischen Moment nun immer mehr das antischwedische in den Vordergrund.
- Dem Zaren kam zugute, dass der dominium maris Baltici Anspruch der Schweden diese in der Region isoliert hatte. Die Anrainer wollten diesen schwedischen Anspruch jedoch keineswegs gegen einen russischen eintauschen.
- Zum Auslöser des Krieges wurde die Livlandfrage.
- Dänemark wurde zur treibenden Kraft im Bündnissystem (wegen der Hollstein-Garantie). Russland konnte leicht gewonnen werden, da der Zar auf keinerlei Unterstützung gegen die Türken rechnen konnte.
- Dieser Krieg erfolgte im Windschatten des Spanischen Erbfolgekrieges. Gerade Frankreichs Interesse in dieser Region wurde dadurch abgelenkt.
- Dänemark begann den Krieg wurde aber durch einen schnellen Triumph Schwedens ausgeschaltet und schloß bereits 1700 wieder Frieden. Sachsen(/Polen) und Russland verblieben im Krieg.
- Karl XII. versuchte in der ersten Phase des Krieges Polen zu besiegen und dadurch die Koalition zu sprengen. Er konnte tatsächlich Polen/Sachsen zum Frieden zwingen.
- 1709 erlitt das schwedische Heer jedoch eine Vernichtende Niederlage bei Poltava. Dies war die Entscheidung, die Schwedens Niedergang und Russlands Aufstieg markierte. Das Zarenreich hatte sich gegen eine der stärksten Militärmächte Europas durchgesetzt.
- Im Frieden von Nystad musste Schweden Livland, Estland, Ingermanland und andere Regionen abtreten.
- Mit dem Aufstieg Russlands war der Abstieg Polens eng verknüpft. Andererseits fielen mit Schweden und Polen zwei Rivalen Preußens weg, welches somit profitierte.
- Russland hatte den Zugang zur Ostsee errungen und den Konkurrenten Schweden aus dem baltischen Raum verdrängt.

- Mit dem gestiegenen russischen Selbstvertrauen ging einher, dass der Zar unmittelbar nach Abschluß des Friedens den Kaisertitel annahm. Der Anspruch auf Parität mit den europäischen Großmächten wurde dadurch unterstrichen. Die meisten europäischen Mächte taten sich sehr schwer diesen neuen Titel zu akzeptieren.

<u>Die britisch-französische Entente</u>

- eine Allianz zur Aufrechterhaltung der Utrechter Friedensordnung.
- Diese war nötig, da Spanien den Frieden nicht als verbindlich ansah und besonders in Italien und den Mittelmeerinseln auf Revision drängte. Auch Österreich war nicht zufrieden mit der Friedensordnung, jedoch war es im Türkenkrieg gebunden.
- Von Spanien ging auch Aggression aus, etwa als es 1717 die (österreichische) Insel Sardinien eroberte.
- Die internationale Politik seit 1717 wurde von zwei dynastischen Fragen beherrscht. Der Versorgung der Kinder Elisabeth Farneses (span. Königin) und der Garantie der habsburgischen Sukzessionsordnung.
- Unter Druck schloss sich Österreich schließlich dem Bündnis mit Frankreich und England, der Quadrupelallianz an (ein Diktat der Ententemächte). Die Allianz regelte Territoriale Verschiebungen: Tausch Sizilien/Sardinien zwischen Savoyen und Österrreich, Parma/Toskana für Don Carlos.
- Von ihrem Anspruch her war die Quadrupelallianz eine Art kollektives Sicherheitssystem.
- Da Spanien aber nicht beitreten wollte (und auch nach massivem Druck und sogar der Zerstörung der Flotte nicht einlenkte) erklärten die beiden Ententemächte 1719 Spanien den Krieg.
- Spanien musste 1720 schließlich der Quadrupelallianz beitreten.
- In den späten 1720er Jahren drohte ein neuer Krieg. Die Probleme zwischen Wien und Madrid waren ungelöst, neue kamen hinzu, die österreichische Ostende-Kompanie und die Pragmatische Sanktion.
- 1726 schloßen Wien und Petersburg eine Defensivallianz (eine konstante des 18.Jahrhunderts mit nur kurzen Unterbrechungen), die auch die Garantie der Pragmatischen Sanktion beinhaltete. 1728 schloß sich auch Preußen diesem Bündnis an und garantierte die Pragmatische Sanktion. (gemeinsames Interesse an Polen)
- 1731/32 endete die Kooperation Großbritanniens und Frankreichs. Frankreich hatte sich finanziell erholt, und mit der Geburt eines Thronerben seine dynastische Zukunft gesichert.

<u>Die Mächtepolitischen Umgruppierungen der 1730er Jahre:</u>

- In Frankreich gewann eine Strömung die Oberhand, welche die Anerkennung der Pragmatischen Sanktion, gerade im Hinblick auf die Vermählung Maria Theresias mit dem Herzog von Lothringen, an erhebliche Territoriale Zugewinne koppeln wollte.

<u>Der Polnische Thronfolgekrieg 1733-1735(38):</u>

- Der Polnische Thronfolgekrieg begann nach dem Tod August II. Frankreich wollte aus Polen eine Barriere im Osten (gegen Russland) machen. Russland und Österreich unterstützen den Sohn des sächsischen Kurfürsten (Friedrich August II.), während Frankreich den polnischen Exkönig (Stanislaus I.) unterstützte. Unter dem Druck russischer Truppen wurde Friedrich August gewählt. Stanislaus wurde zur Flucht gezwungen, was Frankreich zum Anlaß nahm um 1733 dem Kaiser den Krieg zu erklären.
- Frankreich ging es in diesem Krieg um die Inbesitznahme Lothringens.
- 1733 kam der 1. Bourbonische Familienpakt zustande, mit antiösterreichischer Spitze, aber auch antibritischem Akzent. 1733 wurde die britische Kronkolonie Georgia gegründet, die das französische Louisiana und das spanische Florida bedrohen konnte.
- Frankreich verband mit einer raschen Einigung mit Österreich auch die Hoffnung auf ein generelles Rapprochement.
- In einem Präliminarfriedensvertrag einigte man sich 1735 (Definitivfrieden 1738) zügig über die beiden wichtigsten Streitfragen: Pragmatische Sanktion und Lothringen. Verzicht auf das Stammland des Lothringers gegen Anerkennung der Pragmatischen Sanktion. Lothringen wurde als „Zwischenlösung" an Stanislaus übergeben, nach dessen Tod es an Frankreich fallen sollte (was 1766 auch geschah). Der Lothringerherzog (der nicht informiert worden war) sollte mit der Toskana entschädigt werden.
- Österreich erhielt Parma, verzichtete aber auf Neapel und Sizilien. Österreichisch-lothringischer Block im Norden (Mailand, Parma, Toskana), spanische Block im Süden.
- Alle europäischen Staaten hatten der Pragmatischen Sanktion zugestimmt. Der eigentliche Sieger war jedoch Frankreich, welches mit geringem militärischem Einsatz die Ostgrenze sichern konnte und den habsburgischen Einfluß in Italien stark zurückdrängen konnte. Frankreich war also wieder an der Spitze.
-

16

Der Österreichische Erbfolgekrieg 1740-1748:

- Das Jahr 1740 stellt in der europäischen Geschichte eine tiefe Zäsur dar, weil ein Generationswechsel stattfand (Zarin Anna, Friedrich Wilhelm I. von Preußen und Kaiser Karl Vi. starben.
- Österreich war auf den Angriff des jungen Preußenkönigs Friedrich II. auf die habsburgische Kernprovinz Schlesien nicht vorbereitet.
- Hohenzollernsche Rechtstitel auf Schlesien waren – wenn überhaupt – nur mit Mühe zu konstruieren und die österreichisch-preußischen Beziehungen waren gut.
- Schlesien war eine reiche Provinz mit einer blühenden Textilindustrie und einer Bevölkerung von 1 Mio. Menschen.
- Die internationale Lage war für Friedrich II. günstig, denn Spanien, Frankreich und Großbritannien waren in Übersee beschäftigt. Russland war durch die Auseinandersetzung um die Thronfolge gelähmt und bald darauf in einen Krieg mit Schweden verwickelt.(darüber hinaus aber auch durch ein Bündnis mit Preußen verbunden). Friedrich trachtete nicht nach der Vernichtung Österreichs.
- Friedrich rechnete also mit der Passivität der Großmächte. Es sollte anders kommen.
- Spanien nahm Ansprüche auf Parma und die Toskana zum Anlaß, um Österreich den Krieg zu erklären.
- Bayern und Frankreich (nur mit Hilfstruppen) griffen die Erblande an. Bayern aufgrund zweifelhafter Rechtstitel auf Böhmen und Österreich.
- 1742 gelang es dem Wittelsbacher Karl Albrecht sich zum Kaiser krönen zu lassen. (dank französischer Hilfe. Dieser Kaiser wurde daher auch als französische Marionette angesehen.)
- Die Seemächte England und die Niederlande traten als Gegenspieler Frankreichs auf österreichischer Seite in den Krieg ein. Zunächst gewannen sie durch Subsidien Savoyen, um Österreich im Kampf in Italien beizustehen.
- Spanien und Frankreich erklärten (nach der Reaktivierung des Familienpaktes 1743) Großbritannien und Österreich den Krieg.
- In Europa sprach 1745 vieles für Frieden, doch wurde der Krieg in den Kolonien fortgesetzt.
- Der Wittelsbacher Kaiser starb 1745, worauf ein bayrisch-österreichischer Sonderfrieden geschlossen wurde. Maria Theresias Mann Franz Stephan wurde als Franz I. zum Kaiser gewählt.

- Die militärischen Erfolge Preußens und der Druck Großbritanniens bewogen Wien schließlich Schlesien an Preußen abzutreten.
- Ein mit französischer Hilfe unternommener Umsturzversuch in Großbritannien scheiterte und mit ihm kam der Jakobitismus zu seinem Ende. In England war die Öffentlichkeit nun aber leicht zu überzeugen, dass dieser krieg Britanniens Überleben diene.
- Der Aachener Friede beendete 1748 den Krieg. In Frankreich und Großbritannien war der Wunsch Frieden zu schließen groß, man war bereit zum status quo ante zurückzukehren.
- Frankreich gab die österreichischen Niederlande ohne Kompensation zurück. Österreich musste einige Gebiete in Italien (Parma an Spanien, teile Mailands an Savoyen) abtreten. Maria Theresia übte deshalb harsche Kritik an der Verhandlungsführung der Briten. Immerhin hatte Spanien damit keine Ambitionen mehr in Italien, da auch Frankreich dort keine Interessen hatte war die Lage dort in den letzten Jahrzehnten des Anciem Regime ungewohnt stabil.
- Für Österreich war der Friede ernüchternd bis erniedrigend, mit dem Verlust Schlesiens war zu rechnen, doch die Verluste in Italien waren ein schwerer Schlag.
- Preußen rüstete sein Heer auf, da es mit Revanchegelüsten Österreichs rechnete.

<u>Die diplomatische Revolution – Das Renversement des Alliances:</u>

- Der Friede von Aachen, der den österreichischen Erbfolgekrieg beendete, war ein wichtiger Schritt auf dem Weg zur diplomatischen Revolution.
- In Frankreich gab es Bedenken, weil Preußen während des Krieges seinen alliierten zweimal durch den Abschluß eines Sonderfriedens im Stich gelassen hatte. Noch war Frankreich aber nicht bereit das Bündnis aufzugeben.
- Gravierender war dagegen der Bruch in der österreichisch-englischen Allianz. Die Engländer nahmen in Aachen keine Rücksicht auf ihren Bündnispartner und verschafften Preußen sogar die Garantie für den Besitz Schlesiens. Kaunitz, der österreichische Kanzler, sollte daraufhin zur treibenden Kraft für ein Bündnissystem weg von England und hin zu einer französischen Allianz werden.
- Kolonialen Spannungen zwischen Frankreich und England, besonders in den amerikanischen Kolonien, und der sich ankündigende Krieg, brachten eine Annäherung zustande.
- England suchte Verbündete für einen potentiellen Krieg gegen Frankreich und forderte Österreich dazu auf, seine Truppen in den Niederlanden zu verstärken. Da Österreich damit

den Festlandkrieg gegen Frankreich für England übernehmen sollte, lehnte Kaunitz die Forderungen der Engländer ab. Er fürchtete die eigenen Länder, Finanzen und Truppen ohne Vorteil ruinieren zu müssen. Stattdessen wandte er sich seinen früheren Plänen zu, nämlich ein Bündnis mit Frankreich anzustreben. Am 16. August 1755 wurde das Bündnis zwischen England und Österreich de facto aufgelöst, als Österreich beschloß im Falle eines englisch-französischen Krieges neutral zu bleiben.

- Der Abschluß der Westminsterkonvention zwischen Preußen und England am 1756 räumte die letzten französischen Bedenken beiseite.

- Ein französischer Einmarsch nach Deutschland (besonders das englische Hannover) sollte verhindert werden. Im Gegenzug sollte England bei einem russischen Einmarsch Hilfe leisten.

- Georg II. versuchte mit diesem Vertrag Hannover, dessen Kurfürst er war, nicht zum Spielball der europäischen Interessen werden zu lassen. Das galt in erster Linie Frankreich, das ein Rivale im Kampf um den Kolonialbesitz in Indien und Nordamerika war. Andererseits versuchte er so auch, Russland aus Deutschland fernzuhalten.

- Friedrich II. war bestrebt, seine Position, die er in den ersten beiden Schlesischen Kriegen erobert hatte, zu behaupten. Sein Hauptaugenmerk lag dabei auf Österreich und Russland. Österreich wollte Revanche und die Provinz Schlesien zurückerobern. Russland war als eine der europäischen Großmächte eine potentielle Gefahr für das preußische Königreich.

- Durch die Westminster-Konvention wurde der Umsturz der Bündnisse vorangetrieben und der Ausbruch des Siebenjährigen Krieges begünstigt.

- In Österreich entstand die Idee Preußen zwischen Österreich und Russland zu teilen und zu demembrieren. Kaunitz sah es infolge der Finanzschwäche Österreichs und Russlands als unabdingbar an diesen Zweibund durch Frankreich zu ergänzen.

- 1756 schlossen Österreich und Frankreich einen Defensivertrag ab. Für den britisch-französischen Krieg, der gerade begann sagte Österreich Neutralität zu.

- Die Dynamik der internationalen Politik im Doppeljahr 1755/56 beruhte auf zwei Krisen (Amerika und Preußen), die nicht alle Mächte in gleicher Weise interessierte, die sich jedoch überlappten. Das Bündnissystem der diplomatischen Revolution zeigte, dass in der Staatenpolitik des Anciem Regime jede Konstellation möglich war und Traditionen nicht mehr zählten.

Der Siebenjährige Krieg 1756-1763:

- Friedrich II. war von einem bevorstehenden Angriff überzeugt. Sein Präventivangriff (war im Rahmen des Völkerrechtes) auf Sachsen löste den Krieg aus.
- Frankreich und England hatten nur begrenztes Interesse an dem Konflikt. Ihr Fokus lag auf den Kolonien. Frankreich war in diesem Ringen unterlegen und verlor erheblich an Einlfuß, besonders in Nordamerika und Indien.
- Der Kriegseintritt Spaniens auf Seiten Frankreichs 1762 stellte sich als kontraproduktiv heraus.
- Österreich, Russland und Frankreich schlossen sich 1757 gegen Preußen zusammen.
- Warum gelang es dieser mächtigen Koalition nicht Preußen niederzuwerfen? Die Koalitionskriegsführung funktionierte nur äußerst mäßig, da die Partner sich misstrauten. Die Befehlswege waren lang. Die Kriegsziele der Mächte waren verschieden: Österreich wollte Schlesien zurückerobern, Russland wollte in den baltischen Raum expandieren, Frankreich war auf den Kolonialkrieg fixiert.
- Als Zarin Elisabeth 1761 starb folgte ihr der propreußische Peter III. nach.
- Russland und Preußen schlossen einen Sonderfrieden. Nach Peters Ermordung kam Katharina die Große auf den Thron, sie beließ es bei dem Frieden.
- Österreich und Preußen schlossen 1763 in Hubertusburg Frieden, es war die Rückkehr zum Status quo ante.
- Preußen und Österreich rangen um das Bündnis mit Russland. Preußen hatte zunächst die Nase vorn, für Österreich war an Revanche angesichts dieses Bündnisses nicht zu denken.

Die Teilung Polens:

- Die Lehre der Macht der Staaten wurde zu jener Zeit populär, welche in Land und Leuten die Machtbasis eines Staates sah.
- Polen wurde von Berlin und Petersburg außengesteuert. Es war Reformunfähig. In der Vergangenheit war eine Teilung insbesondere deshalb nicht erfolgt, weil alle drei Mächte Polen als bequemen Nachbarn, von dem nichts zu befürchten war (Pufferstaat) ansahen.
- Diese Situation änderte sich 1764. Der neue König wollte reformieren. Russland griff mit Truppen ein und zwang Polen im „Ewigen Vertrag" auf die Reformvorhaben zu verzichten (russisches Protektorat). Der Widerstand in Polen suchte nach Verbündeten besonders das Osmanische Reich kam infrage.

- 1768 begann tatsächlich der Krieg mit der Pforte.
- Der Türkenkrieg überlappte sich mit dem polnischen.
- Russische Erfolge ließen den Wunsch nach Ausgleich besonders bei Österreich und Preußen wachsen, dieser war nur in Polen möglich.
- Erste Teilung Polens 1772; Rückzug Englands und Frankreichs vom Kontinent.
- Preußen war der Gewinner der ersten Teilung, mit Westpreußen konnte das Staatsgebiet geschlossen werden, Der Prestigegewinn war groß, es unterstrich den Großmachtstatus Preußens.
- Der preußisch-österreichische Dualismus wurde kurzzeitig überlagert.
- Trotz des Gewinns von Galicien hat man sich in Wien als eigentlichen Verlierer angesehen.
- Zum ersten mal seit Generationen war eine politische Entscheidung von erheblicher Relevanz ohne Zustimmung und Zutun Großbritanniens und Frankreichs getroffen worden. Die koloniale Orientierung der Westmächte ließ einen Freiraum entstehen, den die Ostmächte nutzten.
- Ein Nebeneffekt der Teilung Polens war, dass nun viel unbefangener über Ländertausch und territoriale Veränderungen diskutiert wurde.
- Zweite Teilung Polens 1793, dritte 1795.

Bayrische Erbfolgekrieg:

- Der Tod des bayrischen Kurfürsten 1777 warf die Frage der Erbfolge auf.
- Der pfälzische Wittelsbacher war erbberechtigt. Österreich bewog diesen in einem Vertrag rund ein Drittel des Kurfürstentums abzutreten.
- Dies löste eine heftige Reaktion aus. Frankreich, Österreichs Verbündeter verkündete im Falle eines Angriffes Österreich nicht beizustehen. (Wegen Amerika wollte Frankreich nicht selbst eingreifen).
- Preußen protestierte aufs schärfste und verwies auf das Reichsrecht. Als Drohgebärde (wissend um die Isolierung Österreichs) entsandte Preußen Truppen auf österreichisches Gebiet. Es folgte der „Kartoffelkrieg", in dem keine Seite eine Schlacht wollte.
- 1779 wurde in Teschen Frieden geschlossen. Österreich musste den größten Teil des okkupierten Landes zurückgeben (außer Innviertel). Preußens Ansprüche in Franken (Ansbach, Bayreuth) wurden anerkannt. Teschen war ein Gesichtsverlust des Kaisers (Joseph II.).

Der amerikanische Unabhängigkeitskrieg 1775-1783:

- der amerikanische Unabhängigkeitskrieg bot Frankreich die Chance auf Revanche.
- Der Kern des Konfliktes lag in der Frage der Freiheit von Administration und dem Parlament des Mutterlandes.
- London setzte auf Härte und 1770 eskalierte der Konflikt im Massaker von Boston.
- 1778 griff Frankreich in den Konflikt ein. Großbritannien hatte in diesem Krieg keinen europäischen Partner, der einen Teil des bourbonischen militärpotential band.
- Der Versailler Friede beendete 1783 den Krieg. Frankreich erhielt unbedeutende Erwerbungen (Tobago, Senegalfluß), Spanien behielt Menorca (und Florida), am wichtigsten war freilich die Unabhängigkeit der britischen Kolonien in Nordamerika. Es war das erste Beispiel einer Emanzipation vom Mutterland. Im Ancien Regime war die Anerkennung eines neuen Staates etwas neues, hatten sich Anerkennungsfragen bisher auf neue Titel oder rivalisierende Erbansprüche erstreckt.
- Großbritannien erholte sich schnell von dem Schlag. Frankreich dagegen steuerte auf die Revolution zu.

Der Fürstenbund:

- In den 1780er Jahren – Friedrich war alt, die Großmächte erwarteten, dass mit seinem Tod Preußens Großmachtstellung enden würde – war Preußen isoliert.
- Friedrich II. entschloss sich einen Rückhalt, den er außerhalb des Reiches nicht finden konnte im Reich zu suchen. Er nutzte die antiösterreichische Stimmung aus um sich mit mehreren deutschen Staaten zu verbünden. Dem Fürstenbund von 1785.
- Der Fürstenbund wurde seiner Rolle gerecht, Preußen überstand die Krise nach Friedrichs Tod unbeschadet.

Die Türkenkriege:

- Der Österreichisch-Venizianische Türkenkrieg 1714-1718 brachte Österreich Landgewinn (Banat, Teile der Walachei und Slawonien)
- Die Pforte wurde zunehmend als ein „normaler" politischer Partner angesehen. Sie passte sich europäischen (Völkerrechts-) Standards an.

- Türkenkrieg 1768-1774 Rußland und das Osmanische Reich kämpften um die Vorherrschaft in der Schwarzmeerregion.
- Die russischen Erfolge waren es die – Österreich forderte Kompensation – zur polnischen Teilung massiv beitrugen. Orientfrage verwob sich mit der Polenfrage.
- Die Türken verloren die Lehnshoheit über die Krim und damit die Kontrolle über die Nordküste des schwarzen Meeres. Russland erhielt Azov und damit den Zugang zum Schwarzen Meer.
- Der Friede von 1774 war für die Osmanen eine Demütigung. Der Verlust des Monopols des Schwarzmeerhandels war am schmerzlichsten.
- Russland war zwar der Gewinner, wurde in der europäischen Öffentlichkeit aber zunehmend negativ wahrgenommen.

Schluß:

- Im Vergleich zum 17.Jahrhundert war die Zahl der aktiven Mächte gesunken.
- Das Reich verlor – mangels Ressourcen – an Gestaltungsmöglichkeiten, es stellte keinen Faktor der internationalen Politik mehr dar. Nur die Großmächte Preußen und Österreich waren aktiv.
- Konflikte resultierten im 18.Jahrhundert besonders aus dynastischen Einschnitten oder weil ein Staat seine existentiellen Interessen gefährdet glaubte.
- Geographische Geschlossenheit wurde zu einem politischen Leitgedanken.